小林一茶

こばやしいっさ

藤田真一　監修

ほるぷ出版

目次

つゆの玉に光あり、俳句あり

小林一茶は、俳句とともに歩み、小さな幸せを求め続けた人生を送りました。生まれは、信濃国（現在の長野県）の柏原村。家はそれなりの農家で、長男の一茶は家をつぐはずでした。でも幼くして母を亡くしてから、人生の歯車がくるい始めます。15さいで江戸にほう公に出され、家と土地は弟が受けつぐことになりました。

いつごろからか俳句を始め、しだいに認められるようになりました。一茶の活動は、およそ3つの時期に分けられます。江戸・関東の俳人訪問と交際、東北から九州・四国への旅、故郷に帰ってからの家庭生活です。どれも俳句とは切りはなせないものであり、また一茶の生き方そのものとつながっていました。

一茶の俳句には、ネコやイヌ、スズメやカエルといった生き物がよく登場し、いかにもあどけないさまがうたわれますが、一筋縄ではいかない事情もひそんでいます。

　我と来て遊べや親のない雀

親のない子スズメに向かって、「いっしょに遊ぼう、さびしくなんかないよ」と呼びかけた、かわいい俳句です。母のいない自分自身の気持ちと重ねて、8さい（6さいとも）ごろによんだと言っていますが、実際はずっとあとで作った俳句です。一茶にはこうした、演技するようなところがしばしばあります。それも苦楽入り混じった人生行路のゆえともいえるでしょう。そのためでしょうか、一茶の一見わかりやすい俳句のなかには、キラリと光る人生の悲しみと喜びをとらえたものがあります。

　露の玉一つ一つに古郷あり

草の葉に置いたつゆひとつぶひとつぶに、故郷が光っていると見たのです。一茶のこまやかな心のありかを知ることができます。

関西大学名誉教授　藤田真一

一茶の俳句で

春

天に雲雀 人間海に あそぶ日ぞ

俳句の意味

ヒバリは天高くまい上がり、海で潮干がりをして遊ぶ人間たちを見下ろしている（3月3日ごろのこと）。季語は「雲雀（春）」。

雀の子 そこのけそこのけ 御馬が通る

← 34ページ

俳句の意味

スズメの子よ、そこをどけ、どきなさい。おウマさんが通っていくぞ。

秋

夏

夏山や 一足づつに 海見ゆる

俳句の意味

草木が生いしげる、緑豊かな夏の山をひと足登るごとに、海が姿を現してくる。季語は「夏山（夏）」。

散芒
寒く成ったが
目に見ゆる

俳句の意味

ススキの穂が散ると、寒さがまざまざと目に見えるようだ。季語は「散芒（秋）」と「寒く（冬）」。

名月を
とってくれろと
泣子哉

17ページ

俳句の意味

「お空のきれいな（おいしそうな）、あの月を取ってほしい」とねだって、なきわめく子どもがここにいるよ。

季節を味わう

蟻の道
雲の峰より
つづきけん

俳句の意味

アリの道（行列）は、遠くの雲の峰からこの足元まで、ずっと続いているんだ。

20ページ

是がまあ
つひの栖か
雪五尺

16ページ

俳句の意味

ああ、これが、やっと手に入れた終のすみ家なんだなあ。その家は五尺もの雪におおわれている。

冬

むまさうな
雪がふうはり
ふはり哉

26ページ

俳句の意味

おいしそうな雪が、ふうわりふわりとまい降りてくるなあ。

小林一茶ってどんな人？

江戸でも町人の文化や学問が栄える

小林一茶が活やくした江戸時代後期は、京・大坂（現在の大阪市）だけでなく、江戸にも町人*1の文化が栄えました。浮世絵や歌舞伎、こっけい本などが流行。古い日本の文化を研究する国学や、西洋の学問を学ぶ蘭学も発展しました。

信濃国のいなかに生まれ江戸へほう公に出る

一茶が生まれたのは、信濃国（現在の長野県）の柏原です。家も田畑もある農家の、長男として生まれました。ところが早くに実母を亡くし、のちに来たまま母*2とはうまくいかず、15さいで江戸へほう公（住みこみで働くこと）に出ました。当時は、長男が家をつぐのがふつうだったので、一茶が家を出たのはめずらしいことでした。

江戸で俳人として活動しつつ故郷への思いをつのらせる

一茶は25さいごろから、江戸で俳句の活動を始めます。でも、故郷のことは決して忘れませんでした。39さいのときに父が亡くなると、まま母や弟と、遺産相続問題が発生します。一茶が再び故郷で暮らせるようになったのは、50さいのときでした。その後も、子どもや妻の死、自身の病気、家の火事など、安らかとはいえない暮らしの中で、2万句以上ともいわれる俳句を作りました。

楽しく親しみやすい俳句と自分の思いをよんだ俳句

一茶の俳句は、生き物が題材の句やオノマトペ*3を使った句が多く、ユーモアもあってわかりやすいので、多くの人に親しまれています。また、考えや思いを、日常の言葉で率直に俳句によんでいるのも特ちょうです。

小林一茶の人生年表

年れいは数え年
◇は世の中の動き

1763年（1さい） 信濃国（現在の長野県）の柏原の農家に、生まれる。本名は弥太郎。

1765年（3さい） 母が亡くなる。

1770年（8さい） まま母・はつ（さつとも）が来る。

*1 町人：町に住む、商人や職人。 *2 まま母：血のつながりのない母、新しい母のこと。

*3 オノマトペ：擬音語（自然の音や生き物の声を表現した言葉）や擬態語（ふんいきや状態を表現した言葉）のこと。

1772年（10さい）弟・仙六が生まれる。◇1月、田沼意次の政治が始まる。

1777年（15さい）春、江戸へほう公に出る。

1787年（25さい）江戸で俳人として活動を開始。◇6月、寛政の改革が始まる。

1792年（30さい）春、西国の旅に出る（～1798年）。◇9月、ロシアの使節が根室に来る。

1801年（39さい）5月、父が亡くなり、遺産相続問題が生じる。9月、江戸へもどる。

1812年（50さい）12月、遺産相続問題が解決しないまま、柏原に家を借りて引っこす。

1813年（51さい）1月、一茶の意見が通り、遺産相続問題が解決する。

1814年（52さい）2月、生家に引っこす。4月、きくと結婚する。

1816年（54さい）4月、長男・千太郎が生まれるが、翌月に亡くなる。

1818年（56さい）5月、長女・さとが生まれるが、翌年6月に亡くなる。

1820年（58さい）10月、雪道で倒れる。次男・石太郎が生まれるが、翌年1月に亡くなる。

1822年（60さい）3月、三男・金三郎が生まれるが、翌年12月に亡くなる。

1823年（61さい）5月、妻のきくが亡くなる。

1824年（62さい）5月、雪と再婚するも、8月に離婚。うるう8月、話すのが不自由になる。

1826年（64さい）8月、ヤヲと再婚する。

1827年（65さい）うるう6月、火事で家を失い、土蔵で暮らすことになる。11月、亡くなる。

※うるう月：暦の上での月と実際の季節とのずれを調整するために、特別に追加された月。

ほう公先で俳句に親しむ

まだ少しぎこちない、俳人・一茶のデビュー

このころの一茶

江戸へ来ておよそ10年、一茶はとつ然、俳句の世界に現れます。ほう公先で俳句にふれたと思われますが、よくわかっていません。葛飾派とよばれる、しょみん的な作風のグループに所属していました。

是からも未だ幾かへりまつの花

俳句の意味

これからもいくつもとしを重ねつつ何度も若返り、いつまでも栄えるマツの花よ。

季語

まつの花（春）

もっとくわしく

◆**まつの花**

一年を通して葉を緑に保つことから、マツはえんぎのよい木とされました。また百年に一度花がさくとされ、「十返りの花」（百年に一度花をさかせることを十回くり返す＝千年生きる）といわれていました。

◆**あいさつ句**

あいさつ句とは、だれかへ向けてあいさつ代わりによむ俳句のこと。お礼や感謝の意味をこめることもあります。この句は、同じ葛飾派の俳人の長生きを祝ってよまれたもの。これからも長生きして活やくしてほしい、という気持ちがこめられています。

今迄は踏れて居たに花野かな

俳句の意味

今までは人にふまれるばかりであった草原。それが今は秋の花のさく美しい野になった。

季語

花野（秋）

もっとくわしく

◆**ふまれていたもの**

「今までは雑草のようにふまれていた私だけれど、これからは！」という一茶の決意とも、「ふみつけられていても、いつか花はさいてほしい」という願いがこめられているともとれます。

故郷をはなれて

ひとり立ちを目指しての旅

各地を旅して俳句仲間を増やし、さまざまに学ぶ

このころの一茶

一茶は30さいの3月から、近畿や中国地方、四国、九州などをめぐる6年半もの旅に出ます。この旅によって俳句のうでをみがき、各地の俳人と交流を深めました。それにより、自分の名前を広く知ってもらうことになりました。

朧おぼろふめば水也まよひ道

俳句の意味

春の夜の、ぼんやりとしたうす明かりの中、ふみ出した足元は水たまりだった。ああ、道に迷ってしまったようだ。

季語

朧（春）

もっとくわしく

◆**とほうにくれて**

四国を旅していたときのこと。一茶が訪ねた相手はすでに亡くなっていて、宿泊も断られてしまいます。そこであてもなく宿を探しに行くのですが、日も暮れてきてしまう……。その時の状きょうをよんだ句です。

◆**くり返し**

「朧」は、春のぼんやりかすんだようす。「朧おぼろ」とくり返すことで、行先のわからない心細い気持ちがうかがえます。

もたいなや昼寝して聞田うへ唄

俳句の意味

なんだか悪いような、ありがたいような。昼ねしながら田植え歌を聞くなんて。

季語

田うへ唄（夏）

もっとくわしく

◆**もたいなや**

古い言葉で、一茶の出身地である現在の長野県北部では江戸時代まで使われていました。もってのほか、不届きな、ありがたいなど複雑な意味があります。「もったいない」とも。

◆**申し訳ない理由**

西国の旅のとちゅう、一茶が昼ねをしていると田植え歌が聞こえてきたのでしょう。故郷への思いもあり、本来なら自分も農家の長男として田植えをしているべきなのに、という思いがよぎったにちがいありません。

故郷をはなれて

父の看病をしながら

ずっと自分を見守ってくれた父の看病と死

このころの一茶

36さいのとき、一茶は西国の旅から江戸へもどり、俳人の活動を本格化。実力が認められるようになります。しかし3年後、一茶が故郷に帰っているさなか、父がたおれます。一茶は熱心に看病しますが、翌月、息をひきとりました。

足元へ いつ来りしよ 蝸牛

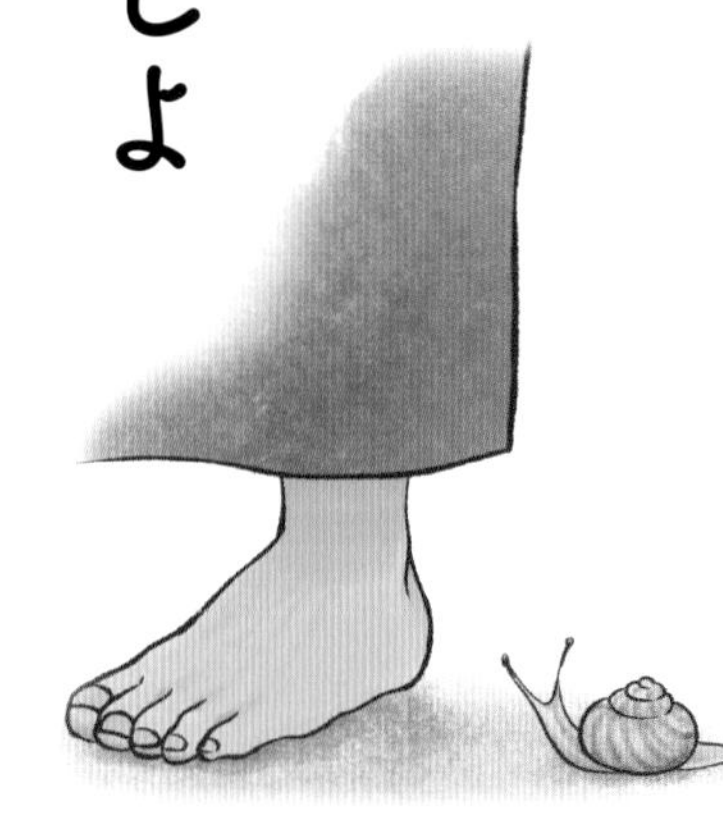

俳句の意味

（父の看病に夢中になっている私の所へ）いつの間に足元へ来ていたのか気づかなかったよ、カタツムリくん。

季語

蝸牛（夏）

もっとくわしく

◆『父の終焉日記』

父がたおれてから亡くなるまでと、その後の故郷での出来事を、一茶は『父の終焉日記』にまとめました。一茶の気持ちや父の言葉、看病の仕方をめぐるまま母との対立などが、小説のように書かれています。生前は出版されませんでした。

父ありて 明ぼの見たし 青田原

俳句の意味

父が元気であったときに、いっしょにこの夜明けを見たかった。この青々とした田んぼが広がる美しい光景を。

季語

青田（夏）

もっとくわしく

◆父の田んぼ

父が大事にしていた田んぼにイネが育っていくようすを、いっしょに見たかったという一茶の気持ちがこめられています。その田んぼは、父の遺言では一茶が受けつぐことになっているので、「父が自分に残してくれた田んぼ！」という思いもあったことでしょう。

故郷をはなれて

江戸へもどって感じるこどく

「家」を失った一茶の江戸での暮らし

このころの一茶

父が亡くなった年の9月、一茶は江戸にもどります。父の遺産相続問題はうまくいかず、俳人仲間の好意で寺の蔵に住まわせてもらう、さびしい再出発でした。さらにこのころは、葛飾派との関係にも問題を抱えていたようです。

夕桜　家ある人は　とくかへる

俳句の意味

日がな一日見つくしたサクラ。夕暮れになって、家がある人々は足早に帰って行く（それに引きかえ、私には帰るべき家がない）。

季語

夕桜（春）

もっとくわしく

◆中国の古典

この俳句の前書きには「杕杜」とあります。これは中国の古典「詩経」に由来するもの。晋という国の昭公という王が、身内を遠ざけたことで家族がバラバラになり、こどくになったことを語る詩の題です。この時期、一茶は中国の古典を勉強していたことが知られています。

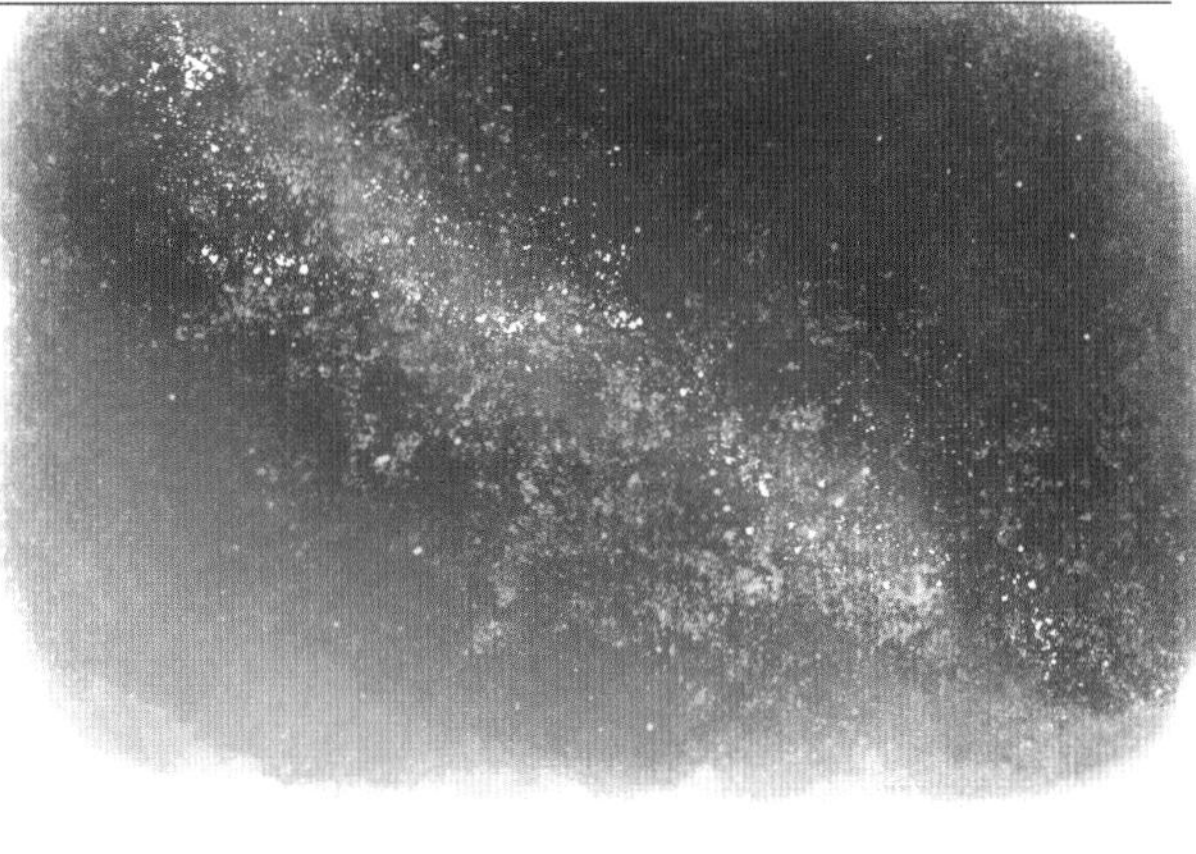

我星は　どこに旅寝や　天の川

俳句の意味

私の星は、どこで旅ねしているのだろう。あの天の川の星の中に、私の星もあるはずなのだが（見つからないなあ）。

季語

天の川（秋）

もっとくわしく

◆旅寝

自分の家をはなれてねること。旅先でねとまりすること。

◆我星

一茶独特の言葉です。この言葉を使って、住むべき家をもたずさすらい歩く、一茶自身のこどくな姿をよんだ句が、ほかにもいくつか残されています。

故郷をはなれて

じゅうじつした俳人生活

江戸暮らしになじむほど、かえって恋しくなる故郷

このころの一茶

42さいになった一茶は、江戸に家を借り、生活も落ち着いてきます。俳句を通じて仲間も増え、俳句も上達。貧ぼうながらじゅうじつした生活を送ります。その一方で、まま母や弟との遺産の話し合いははかどりません。

梅がかや　どなたが来ても　欠茶碗

俳句の意味

春が来てウメの香りがただよっている。私の家では(貧ぼうなので)、地位や身分に関係なく、どなたが来られてもおもてなしは、欠けた茶わんでです。

季語

梅がか(春)

もっとくわしく

◆どなたが来ても

身分の高い人も低い人も、親しい人もそうでない人も、だれが来ても同じ欠けた茶わんというところに、人目を気にしない一茶の人間観がうかがえます。

◆自分の家

貧しさをよんだ句です。けれども友人たちの世話によって、夏目成美など他人の家や寺の蔵でも、旅の宿でもなく、自分で家を借りて住めるようになったという、一茶のささやかな喜びが伝わってきます。

なの花の　とっぱづれ也　ふじの山

俳句の意味

広大なナノハナ畑のはしっこに、ちょこんとあるよ、富士山が。

季語

なの花(春)

もっとくわしく

◆とっぱづれ

一番外れにあること、ずっとはしの意味。富士山を中心ではなく、はしに置いたところが、この句の意外性です。

亡母や海見る度に見る度に

俳句の意味

ああ、死んでしまったお母さん。海を見る度に、私はあなたのことをくり返し思い出します。

季語

なし（無季）

もっとくわしく

◆**海**

信州（現在の長野県）生まれの一茶にとって、海に母との思い出があったとは思えません。海そのものに母を感じたとも、西方浄土（あの世）へと続く海をイメージした句ともみられます。

白魚のどっと生るるおぼろ哉

俳句の意味

（江戸川の）シラウオがどっと生まれてきそうだ。そんな春のおぼろ夜だこと。

季語

白魚・おぼろ（春）

もっとくわしく

◆**シラウオ**

江戸の春の名物。体長4～10cmほどの、細長い無色とう明の小魚。

◆**どっと**

笑い声や物が押し寄せるようすを表す語で、シラウオが大量にまた一気に生まれる光景を印象づけています。

いざいなん江戸は涼みもむつかしき

俳句の意味

さあ、もう故郷へ帰ろう。江戸では気軽にすずむことも、ままならないのだから。

季語

涼み（夏）

もっとくわしく

◆**いざいなん**

陶淵明＊の『帰去来辞』という文章の有名な一節「帰去来兮」をもとにした表現で、「さあ、故郷へ帰ろう」という意味です。陶淵明が役人を辞めて故郷へ帰ることを決意したときの文章で、一茶の心境と重なるものが見てとれます。

◆**決意表明**

この句を作ったとき、まだ、故郷のまま母たちとの遺産問題は解決していませんでした。それでも一茶は、もう江戸を去ろうと決めてこの句を作ったのです。実際、この年の12月に江戸を引きはらって、故郷へ帰りました。

＊ 陶淵明：365～427年。中国の詩人で、日本で親しまれた。故郷の田園生活や自然をうたった詩が多い。

コラム

一茶の句でみる

住まい

江戸の町人たちの多くは、裏通りにある長屋に、家を借りて暮らしました。長屋は団地かアパートのような建物で、中が1けん分ずつ区切られています。長屋は密集して建ち並んでいたので風通しが悪く、夏は暑かったといいます。

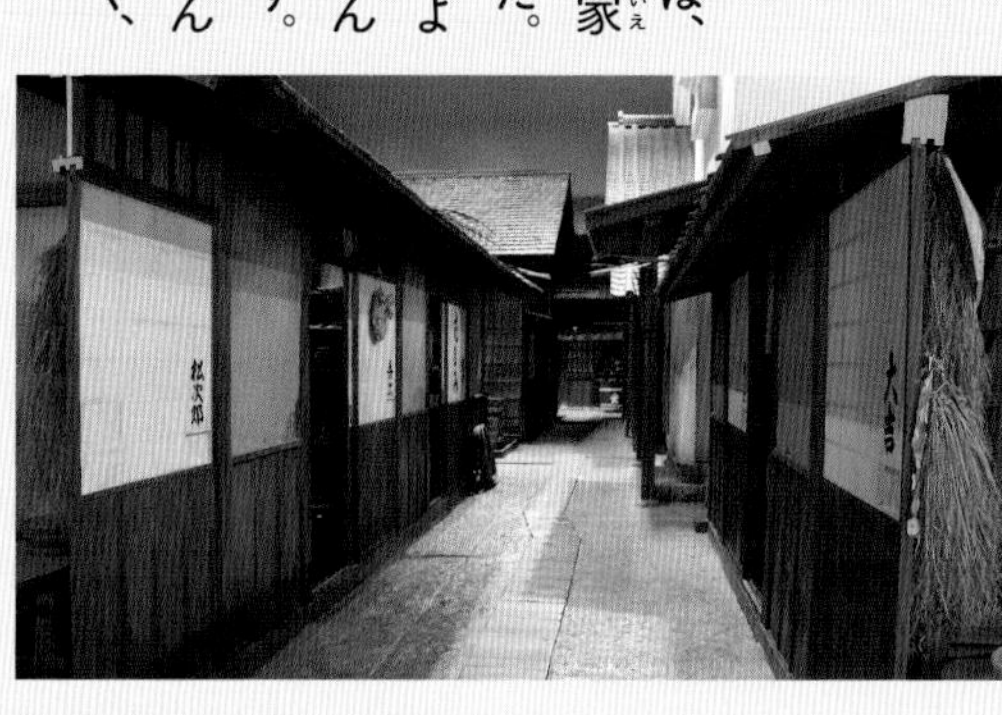

涼風の曲りくねって来たりけり

俳句の意味

すずしい風が、曲がりくねった路地のおくにある私の家まで、ようやくやって来てくれた。季語は「涼風（夏）」。

出かせぎ

江戸には毎年、地方の農村から出かせぎやほう公に若者が大勢やって来ました。なかでも11月ごろ信州から出かせぎに来る人々は、「椋鳥」とよばれてからかわれました。一茶も、もとはほう公のため江戸へ来たので、椋鳥のひとりだったといえます。

椋鳥と人に呼るる寒哉

俳句の意味

見知らぬ江戸に来て、「椋鳥」と他人からよばれるなんて、ひときわ寒さを感じることだ。季語は「寒（冬）」。

食事

参勤交代でやって来た武士や農村からの出かせぎなど、江戸はどくしん男性の多い町でした。そのため江戸時代の中ごろから、外食が発達。すしにそば、てんぷらなど、気軽に利用できる屋台もあって、人気をよびました。

雪ちるや七十顔の夜そば売

俳句の意味

雪がちらちら降る中、70さいほどに見える老人が、夜にそばを売っている。季語は「雪（冬）」。

夜おそくまで屋台などでそばを売る、「夜そば売」。「夜なきそば」とも。

江戸時代の暮らし

「日本」という意識

一茶が30さいのころから、ロシア使節の来航などをきっかけに、異国に対する「日本」という意識が高まり、国学も盛んになります。日本のすばらしさを強調する一茶の句は、そうした空気の中で生まれました。

けふからは日本の雁ぞ楽に寝よ

俳句の意味

（北国から来たわたり鳥のカリよ、）今日からは日本のカリとなったのだ、安心してねるといいよ。季語は「雁（秋）」。

一茶が30さいのとき、根室に来航したロシアの使節ラクスマンの船。

商品作物の発達

一茶のころには、お金にかえるための作物が積極的にさいばいされ、商業を中心とした経済が発達しました。一茶の故郷ではカイコを飼って絹を生産するのが盛んになり、カイコのエサになるクワがたくさん植えられました。

秋風やつみ残されし桑の葉に

俳句の意味

秋風が、（つむ人が亡くなり）つみ残されたクワの葉にふきつけている（むなしさもひとしお）。季語は「秋風（秋）」。

俳人の活動

一茶は俳句の指導や、句集を編集・出版するなどして、収入を得ていました。ときには発句合*の撰者をして収入を得たこともあるようです。ただし、一茶の時代、俳人としての収入だけで暮らすことは困難で、生活の収入は別の仕事から得ることがほとんどでした。一茶も、主な収入は田畑を人に貸して得ていたようです。一茶が父の遺産相続にこだわったのには、そうした理由もありました。

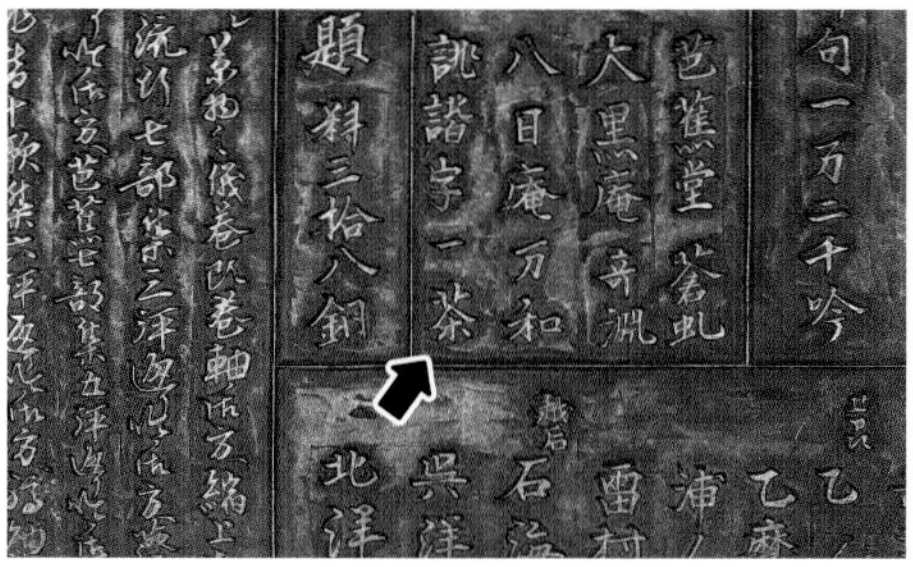

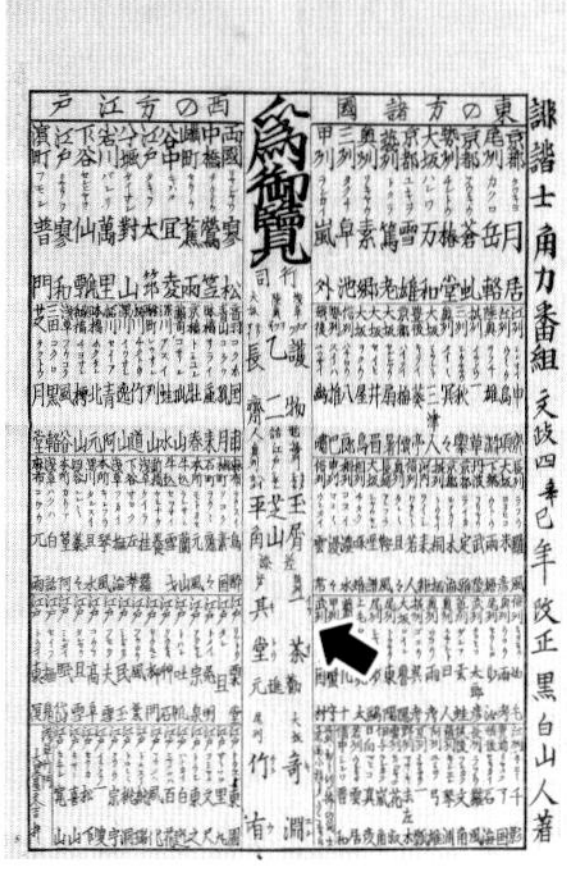

上）発句合の参加者募集チラシの板木（画像は左右反転）。一茶の名前が見られます。

左）一茶59さいのころの俳人番付。江戸をはなれても、一茶が評判の俳人だったことがうかがえます。

＊発句合：参加者が参加料をはらって俳句を投こうし、撰者が点数をつける俳句コンクール。町人たちの楽しみとして人気があった。

強い決意で故郷へ

故郷にもどっていさかいに決着をつけ、我が家を得る

**是がまあ
つひの栖か
雪五尺**

俳句の意味

ああ、これが、やっと手に入れた終のすみ家なんだなあ。その家は五尺もの雪におおわれている。

季語

雪（冬）

もっとくわしく

◆つひの栖
死ぬまで暮らす家、人生の最期をむかえる家。

◆五尺
約1・5m。1尺は約30cm。

◆自分の居場所
この句が収められた句日記『七番日記』の初めには、故郷を出てからさまよい続け、心が休まらなかったことが書かれています。それに対してこの句では、これからは故郷に住み続けるのだなあという、しみじみとした感が伝わってきます。

このころの一茶

一茶は50さいのときに、故郷の柏原にもどりました。ただ、まま母・弟との遺産相続問題に決着がつかず、初めは家を借りて暮らしました。一茶が生まれた家で暮らせるようになったのは52さいのとき。父の死から、12年が経っていました。

一茶の弟・仙六の家を、復元したもの。

家が火事で焼けたあと、一茶が暮らした蔵。修理はされていますが、当時の姿です。

名月をとってくれろと泣子哉

俳句の意味

「お空のきれいな（おいしそうな）、あの月を取ってほしい」とねだって、なきわめく子どもがここにいるよ。

季語

名月（秋）

もっとくわしく

◆名月

中秋の名月、旧暦＊の8月15日の月をさします。

◆泣く子

この句が作られたとき、一茶にはまだ子どもがいませんでした。そのため一茶が想像で作った句とも、自分に子どもがいたら「あの月を取ってやるのに」という願望をよんだともみられます。

大の字に寝て涼しさよ淋しさよ

俳句の意味

大の字になってねてみたら、なんてすずしいんだ、そればかりか、なんてさびしいんだ。

季語

涼し（夏）

もっとくわしく

◆淋しさよ

「涼しさよ」からは我が家を得て満足した気持ちと、手足をのばしてねることができる喜びが、「淋しさよ」からは目的達成後のからっぽな気持ち、ひとり暮らしのこどく感が伝わってきます。

◆くり返し

「よ」のくり返しがリズムをきざみつつ、たたみかけるようにして表現を強めています。

ゆうぜんとして山を見る蛙哉

俳句の意味

ゆったりとした態度で、堂々と山を見ている一匹のカエルがいる。

季語

蛙（春）

もっとくわしく

◆カエルと一茶

この句が作られる少し前に、長年にわたる遺産相続問題が解決。ようやく心静かに暮らすことができるという気持ちを、カエルにたくしたともとれる俳句です。

◆漢詩

陶淵明の『飲酒』という漢詩の一節「悠然として南山を見る」をもとにした句です。この詩は「世間から心がはなれれば、のんびりと自然とともに暮らせる。そこにこそ人間のあるべき姿がある」という内容のもの。当時の一茶の心境にいっちしたのでしょう。

＊旧暦：月の満ち欠けをもとにした太陰太陽暦。明治時代に現在のグレゴリオ暦に変わるまで、使われていた。

新たな暮らしへの希望

家庭をもった幸せと、しみじみとした思い

このころの一茶

一茶は52さいで、きくという女性と結婚します。当時としてはおそい結婚でしたが、きくは働き者で、一茶はとても助けられます。54さいのときに息子・千太郎が誕生。しかしその子は、生後1カ月足らずで亡くなってしまいました。

五十聟
天窓をかくす
扇かな

俳句の意味

50さいでやっと結婚。むこになった私は、照れくさくて思わず頭をおうぎでかくしたよ。

季語

扇（夏）

もっとくわしく

◆**照れかくし**

一茶は、結婚のあいさつに近所を回った際に、祝われたり冷やかされたりして、照れて顔をかくそうとして頭をかくしてしまったというのです。事実かどうかはわかりませんが、読む人に「頭かくしてしりかくさず」の言葉を連想させながら、「頭が気になっちゃって」と笑いをさそいます。

大根引
大根で道を
教へけり

俳句の意味

（道をたずねると、）ダイコンを引きぬいていた農民が、ダイコンで道を示して教えてくれた。

季語

大根引（冬）

もっとくわしく

◆**大根引**

ダイコンを畑から引きぬくこと、また引きぬいている人。

◆**おもしろい動作**

引きぬいたばかりのダイコンで、道を教えるという、農民のゆかいな動作をよんだ俳句。結婚後、江戸や房総（現在の千葉県）を回ったときの俳句といわれています。

おらが世や そこらの草も 餅になる

俳句の意味

何事も思いのままになりそうな、我が世の春。そこらに生えた草も、おいしい草もちになりそうだ。

季語

草餅（春）

もっとくわしく

◆**おらが世**

「我が世の春（何でも自分の思い通りになる、絶頂期）」を、話し言葉風に言ったもので、一茶が造った言葉ともいわれます。今の暮らしに満足する一茶の幸福感が表れています。

◆**草もち**

ヨモギを混ぜて作った、緑色のもちのこと。3月3日のひな祭りに、供えられました。

たのもしや てんつるてんの 初袷

俳句の意味

たのもしいことだ。（成長したので）初袷の長さが足りず、てんつるてんになっているなんて。

季語

初袷（夏）

もっとくわしく

◆**初袷**

「袷」とは、裏地がついた初夏用の着物のこと。これを生まれて初めて着せる行事を、「初袷」といいます。

◆**長男の誕生**

一茶が54さいの夏、長男が生まれます。一茶は弟子たちを訪ね歩いている最中で、すぐには会えませんでした。2週間後、ようやくむすこに会えて、用意していた着物を着せたらたけが短かった、2週間で大きくなったんだなあと、成長の喜びをよんだ俳句です。

ふしぎ也 生た家で けふの月

俳句の意味

信じられない！ 生まれた家で、こよいの名月をあおぎ見ることができるなんて。

季語

けふの月（秋）

もっとくわしく

◆**漂泊四十年**

この句の前に「漂泊四十年」と書かれています。故郷をはなれ、あちらこちらと40年もの間さまよったという意味です。自分が生まれた家で名月をながめながら、これまでを思い出して、しみじみと物思いにふけっているのでしょう。

暮らしの中の自然

親しみをこめて、自然を俳句によむ

このころの一茶

故郷に落ち着いて以降、一茶はのどかな信州の自然を俳句によみました。田畑は妻と小作人＊に任せて、もっぱら俳句の指導や俳句作りにあけくれた一茶でしたが、身近な自然を独自の視点で俳句によみました。

春風に猿もおや子の湯治哉

俳句の意味

まだややはだ寒い春風のふく中を、サルも親子で湯治に来ているよ。

季語

春風（春）

もっとくわしく

◆猿も

「猿も」という言葉には、「自分も」いっしょに湯につかっている視線があります。

◆湯治

湯治とは、温泉につかって病気やケガの治りょうをしたり、つかれをいやしたりすること。湯田中温泉（長野県）の地獄谷を訪れて、サルの親子が温泉に入っているのを見て作った句です。一茶の弟子の中には、湯田中温泉の旅館の主もいて、しばしばたい在しました。

蟻の道雲の峰よりつづきけん

俳句の意味

アリの道（行列）は、遠くの雲の峰からこの足元まで、ずっと続いているんだ。

季語

雲の峰（夏）

もっとくわしく

◆雲の峰

入道雲（積乱雲）のこと。

◆小さな命から大きな世界へ

近くをごく小さな存在のアリが列をなして歩く姿から、視点を変えて、雲まで続くそう大な生の群へと思いをはせる、スケールの大きな俳句です。

＊小作人：田畑を借りて、農業を行う農民。

鶏の座敷を歩く日永哉

俳句の意味

ニワトリが座しきに上がりこんで、ゆったりと歩いている。なんとものどかな春の一日だ。

季語

日永（春）

もっとくわしく

◆日永

春になって、日が長くなったと感じること。またはその季節。温かくなって、戸や障子を開けておいたら、いつの間にか庭のニワトリが入りこんでしまった、そんなのどかなふんいきがただよいます。

行々し大河はしんと流れけり

俳句の意味

（川のほとりで）ヨシキリがさわがしく鳴く一方で、大河は静まり返って流れていく。

季語

行々し（夏）

もっとくわしく

◆行々し

ヨシキリのこと。ヨシキリやオオヨシキリはギョギョシと、そうぞうしく鳴くため、「ぎょうぎょうしい」にかけてよまれることが多い鳥です。うるさいヨシキリとの対比で、大河のおだやかな静けさが、際立っています。

うつくしや年暮きりし夜の空

俳句の意味

美しいなあ、一年がすっかり暮れてしまった、その夜の空は。

季語

年暮る（冬）

もっとくわしく

◆年暮きりし

大みそかの俳句です。江戸時代の大みそかは、1年分の支はらいや正月の用意などで、いそがしい日となります。そんな昼間から一転して静まり返った夜空を見上げて、一茶は晴れやかな気分にひたったのでしょうか。

幸せも悲しみも俳句の中に

俳句の中に表現された、一茶の人生

このころの一茶

一茶は4人の子どもをもうけたものの、みな幼いうちに亡くし、61さいできくも亡くなりました。2度再婚しますが、65さいで火事にあって、家まで失います。幸・不幸がくり返される中で、一茶は俳句を作り続けました。

**這へ笑へ
二つになるぞ
けさからは**

俳句の意味

はいはいしなさい、笑いなさい。今朝からは、お前も2さいになるのだから。

季語

今朝の春（春）

もっとくわしく

◆けさ

江戸時代には、生まれた年を1さいと数え、誕生日に関係なく、元旦をむかえると1さい年をとりました（数え年）。この句の「けさ」とは、元旦の朝のことです。

◆二つ

去年、生まれた一茶の長女・さとが、2さいをむかえたことを喜んでいる俳句。一茶はさとがまだ食べられないにもかかわらず、おぞうにを用意して祝いました。我が子をとても愛おしんでいたことがわかります。

**目出度さも
ちう位也
おらが春**

俳句の意味

おめでたいといってもほどほどで、今のあるがままがちょうどいいのだ、おれ様の正月というのは。

季語

おらが春（春）

もっとくわしく

◆ちう位

よくも悪くもなく、ほどほど。

◆あなた任せ

一茶の俳句文集『おらが春』のぼう頭の俳句。俳句の前には、「いつも通り、何の用意もせず、あなた任せで正月をむかえよう」という内容の文章があります。この「あなた」とは阿弥陀仏*のこと。俳句と合わせて読むと、阿弥陀様を信じてあるがまま、高すぎる望みをもたずにほどほどがちょうどふさわしい、と読めます。一茶は浄土真宗の門徒（信者）で、阿弥陀仏を信じていました。

＊阿弥陀仏：阿弥陀如来。西方にあるとされる極楽浄土の主。念仏を唱える人を、死後に極楽へ導くとされる。

露の世は露の世ながらさりながら

俳句の意味

この世はつゆのようにはかないものだと、よくわかってはいる。でも、そうはいっても……。

季語

露（秋）

もっとくわしく

◆むすめの死

むすめのさとを、病気で亡くしたときの俳句。「這へ笑へ」の句の約半年後、6月21日のことで、季語の秋になる少し前でした。

◆くり返し

「露の世」をくり返すことで、この世ははかないものとわかってはいるが、むすめの死を受け入れることもできないし、悲しみも減ることはないという、一茶の心情が伝わってきます。「さりながら（そうはいっても）」と、言い切らずに終えることで、よいんが深くなります。

淋しさに飯をくふ也秋の風

俳句の意味

さびしさの中で、ふだん通りに飯を食べている。そこを、秋の風がふきぬけていく。

季語

秋の風（秋）

もっとくわしく

◆さびしさ

この句が作られたとき、63さいの一茶はひとりぼっちでした。前年に、子どもと妻を亡くし、2人目の妻をむかえるも離婚。さらに、自分の体調までくずします。一茶の感じるさびしさは、こどくからとも、死への不安からともみられます。

やけ土のほかりほかりや蚤さはぐ

俳句の意味

焼けあとの土地はぽかぽかと温かいのか、ノミがさわぎ出したぞ。

季語

蚤（夏）

もっとくわしく

◆ノミ

種類が多く、体長1～9㎜程度のこん虫で、人や動物の体の表面について血を吸います。

◆土蔵での暮らし

一茶が65さいのとき、柏原を大火事がおそい、一茶の家も焼けてしまいます。そこで一茶は、焼け残った土蔵で暮らすことに。土蔵はせまく暗く、しかもノミが発生しました。快適なはずはありませんが、句はおどけた調子になっています。

コラム

一茶の人生観がわかる文章『おらが春』

楽しみ極りて愁ひ起るは、
うき世のならひなれど、
いまだたのしびも半ばならざる千代の小松の、
二葉ばかりの笑ひ盛りなる緑子を、
寝耳に水のおし来るごとき、
あらあらしき痘の神に見込まれつつ、
今水膿のさなかなれば、やをら咲ける初花の
泥雨にしをれたるに等しく、
側に見る目さへくるしげにぞありける。

文章の意味

楽しみが極まると悲しみが起こるというのは、この世ののがれられない約束事ではある。でもまだ人生の楽しみを半分も知らない、千年も生きるべき小松の、芽を出したばかりともいえる笑い盛りの幼な子が、思いがけず、あらあらしい疱瘡の神に取りつかれて、今、水膿ができている。そのため、ようやくさいた最初の花が、泥まみれの雨にたたかれてしおれてしまったのと同じで、そばで見ていても苦しそうだった。

（中略）

（子どもは）ますます弱って、昨日よりも今日は生きる可能性が少なくなり、とうとう6月21日、アサガオの花がしぼむように死んでしまった。（子の）母親が、死顔にすがりつき、よよよよと泣くのも、もっと

（中略）

益々よわりて、
きのふよりけふは頼みすくなく、
終に六月廿一日の蕣の花と共に、
此世をしぼみぬ。母は死貌にすがりて、
よよよよと泣くもむべなるかな。
この期に及んでは、
行く水のふたたび帰らず、
散る花の梢にもどらぬくいごとなどと、
あきらめ貌しても、
思ひ切がたきは恩愛のきづな也けり。

（後略）

もなことである。「こうなってしまっては、流れ去った水は二度と返らず、散った花がこずえにもどらないと、くやみごとを言っても（どうしようもない）」などと、あきらめ顔をしても、思い切ることが難しい。それが親子の、恩愛（愛しくいつくしむ気持ち）のきずなというものである。

もっとくわしく

疱

疱瘡（天然痘）。全身に水ぶくれができてうみがたまる（水膿）病気。感染力が強く、江戸時代に何度も流行し、特に幼児の大敵でした。

緑子

だいたい5、6さいまでの幼子。

『おらが春』

一茶57さいの年のできごとを、俳句と文章で記した作品です。辛く悲しいことも多い人生だった一茶がたどりついたのは「あなた任せ（阿弥陀仏に任せて、あるがままでいるのがよい）」という考え方でした。長男に続き、長女・さとも幼くして亡くすという悲しいできごとは、一茶の人生に対する「あなた任せ」という考えを深めることになりました。

一茶らしさいっぱいの句 1

雪の俳句

故郷のおもかげを連れてくる、一茶の雪の句

しなのぢや
意地にかかつて
雪の降

俳句の意味

さすが信濃路だ。信州にさしかかったら、意地になって雪が降ってきたぞ。

季語

雪(冬)

もっとくわしく

◆しなのぢ
信濃国の道。

◆意地にかかつて
意地になって、何がなんでも意思を通そうとすること。雪が意思をもって、故郷へ帰ろうとする足をさまたげるように降ってくるというのです。

むまさうな
雪がふうはり
ふはり哉

俳句の意味

おいしそうな雪が、ふうわりふわりとまい降りてくるなあ。

季語

雪(冬)

もっとくわしく

◆ふうはりふはり
雪を食べ物であるかのように「むまさう」といい、雪が降るようすを「ふうはりふはり」と表現したところが、この句のすごさ。見慣れた光景を、一茶ならではの表現でおいしそうな雪にしました。

山寺や雪の底なる鐘の声

俳句の意味

雪にすっぽりうもれた、山寺。その雪の底から、時をつげるかねの音がひびいてくる。

季語

雪（冬）

もっとくわしく

◆山寺

一茶が28さいのときに作った俳句。俳句で「山寺」というと、松尾芭蕉が「おくのほそ道」で訪れた立石寺が思いうかびますが、ここでは特定の寺ではなく、信州の寺をイメージして作ったと考えられています。

◆雪の底

雪の「中」ではなく「底」とすることで、積もった雪の深さや、静けさを破る音の重さを感じさせます。

春めくや藪ありて雪ありて雪

俳句の意味

春めいて来たなあ。（地面の雪もだいぶとけて）やぶが顔を出したが、そのかげにはまだ雪が残っている。ほら、またあそこにも雪が。

季語

春めく（春）

もっとくわしく

◆春めく

寒さがゆるみ、空や山、野や川などに、春の気配が感じられるようす。

◆くり返し

くり返しによって、雪が点々と、足元から遠くまで残っているようすが目に見えるようです。風景画のような俳句です。

雪とけて村一ぱいの子ども哉

俳句の意味

雪がとけて春が来た。子どもたちが外にいっせいに飛び出して来て、村中に子どもたちの元気な声がひびいているよ。

季語

雪どけ（春）

もっとくわしく

◆春の喜び

春をむかえる喜びが、素直に生き生きと表現された俳句。冬の間、雪に閉じこめられてしまう、雪国の暮らしの実感がこめられています。また、一茶がこの句を作ったのは、故郷へもどり、いよいよ生まれた家で暮らそうという時。そうした一茶自身のはればれとした気持ちも、句の背景にあったかもしれません。

一茶らしさいっぱいの句 2

故郷への思い

よい思い出も悪い思い出も、ほっとする安らぎも

古郷や よるも障も 茨の花

俳句の意味

故郷というものは、どんなときでもとげをむき出しにする、イバラの花のようだ(うわべはきれいに見せて)。

季語

茨の花(夏)

もっとくわしく

◆バラ

背の低いバラ科の植物のこと。イバラ、ノイバラともいいます。

◆うまくいかない気持ち

まだ遺産相続問題が解決していなかった時期、雨の中、遺言状を預けていた村長に会いに行ったがわたしてもらえず、まま母や弟に会いに行ってもすげなくあしらわれたときに作った俳句。故郷のだれもかれもが自分に敵対的だという、いかりやいじけた気持ちがそのままよまれています。

初雪や 古郷見ゆる 壁の穴

俳句の意味

(江戸に)初雪が降って来た。家のかべの穴からのぞくと、まるで故郷のように見える。

季語

初雪(冬)

もっとくわしく

◆帰りたくなる雪

一茶が42さい、まだ江戸にいたころの句。家のかべの穴から初雪が見えたときに、ふと故郷を思い出したという意外な視点は、一茶ならではです。一茶の故郷は、家がうまるほど雪が積もる地域。雪と故郷は、こんなにも一茶の中で結びついていたのです。故郷をはなれて見る雪に、故郷への恋しさをつのらせたようです。

露の玉一つ一つに古郷あり

俳句の意味

(草木にかがやく)つゆの玉のひとつひとつに、故郷が宿っているように見える。

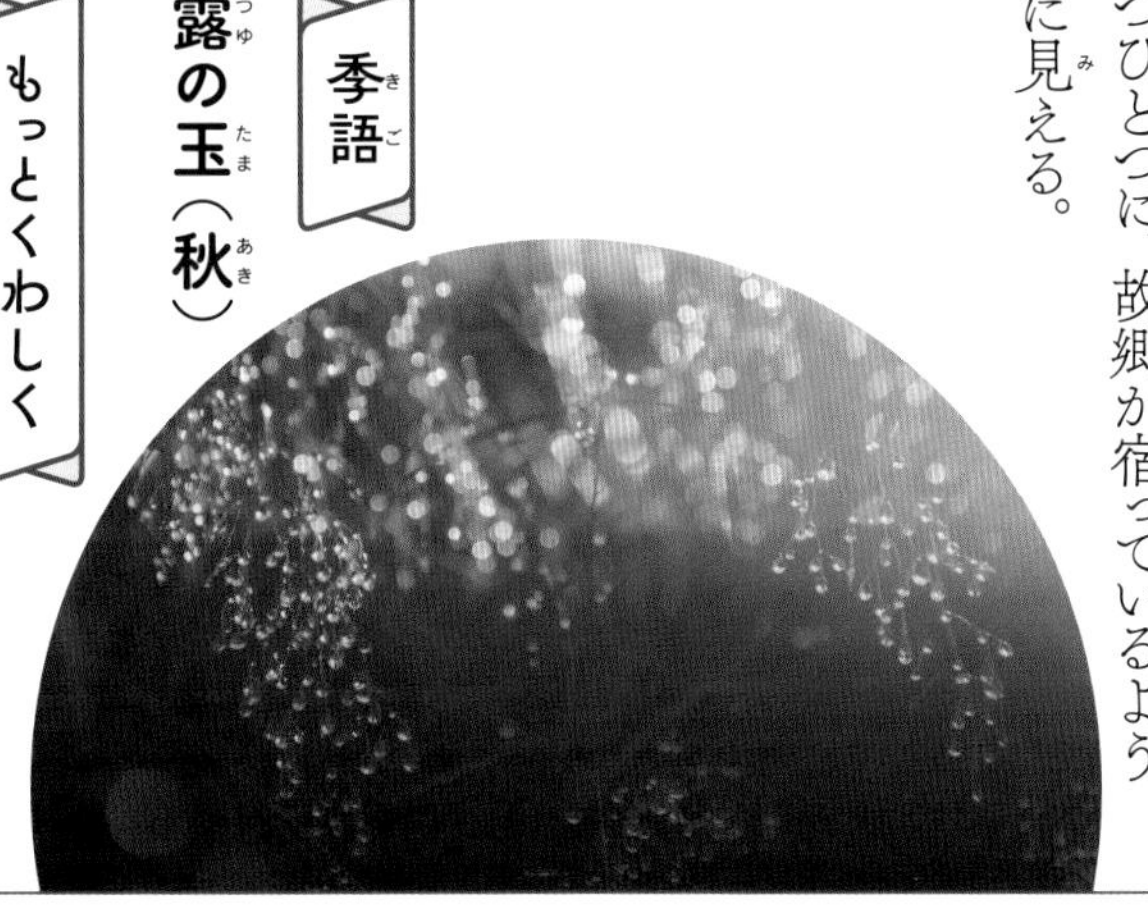

季語

露の玉(秋)

もっとくわしく

◆故郷への愛情

気温が下がり、空気中の水分が草木や物について水滴となったのがつゆ。このつゆひとつぶごとに故郷が宿って見えるという、はるか遠くの故郷を思う気持ちがこめられた句です。

古郷や餅につき込春の雪

俳句の意味

故郷では早春の今ごろ、うすに降ってくる春の雪もいっしょに、もちにつきこんでいるだろう。

季語

春の雪(春)

もっとくわしく

◆もちつき

故郷にもどる前の俳句。正月用のもちつきは冬の季語ですが、この句の情景は早春のことでしょう。はなれているからこそつのる故郷へのあこがれが作らせた句ともいえます。

古郷は寝ながらもうつ砧哉

俳句の意味

故郷では、私がねむりにつく夜おそくまで、(家族の)だれかがきぬたを打っている。

季語

砧(秋)

もっとくわしく

◆砧

かたくごわごわになった着物を、木の棒などでたたいてやわらかくして、つや出しする作業。通常女性の仕事で、「きぬた打つ」ともいいます。

◆くつろいだ気持ち

ねながらきぬたを打つ音を聞いているのでしょう。なんともリラックスした気分の句です。故郷の我が家だからこその、気安さが感じられます。

一茶らしさいっぱいの句 3

ゆかいなオノマトペ

ようすや気持ちが伝わる独特の表現

大蛍
ゆらりゆらりと
通りけり

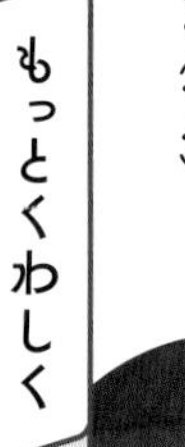

俳句の意味

大きなホタル（の光）が、ゆらりゆらりと通りすぎて、消えていったよ。

季語

蛍（夏）

もっとくわしく

◆**大蛍**

ゲンジボタルのこと。短い命のホタルが、夏の夜のやみの中をゆったりと飛んで行くのを見て、写生的によんだとも、はかなさを感じたとも、とれます。

俳句の意味

ゆさゆさと（風で）野の草をゆさぶりながら、春が去り行こうとしている。

季語

春行く（春）

もっとくわしく

◆**ゆさゆさと**

49さいの一茶が、現在の茨城県にたい在していたときの俳句。風がふいて河原の草が波打ち、それとともに静かに春が去ってゆくようすが、「ゆさゆさ」で表現されています。春の終わりを、野草の姿としてよんでいます。

ゆさゆさと
春が行ぞよ
のべの草

リンリンと凧上りけり青田原

俳句の意味

青空にリンリンとたこが上がっているなあ、(その下には)青々とした田んぼが広がっている。

季語

青田(夏)

もっとくわしく

◆リンリンと

もとは虫の音などを表す擬音語(生き物や物が出す音を表現した言葉)でしたが、この句では擬態語(ようすを表現した言葉)として使っています。凧*が空にうかぶようすを、すがすがしく表現していて効果的です。凧は、本来は春の季語です。

きりきりしやんとしてさく桔梗哉

俳句の意味

きりきりしゃんとしてさく、品のあるキキョウの姿よ。

季語

桔梗(秋)

もっとくわしく

◆きりきりしやん

きちんとしていてむだがなく、きびきびして、てきぱきして、しっかりしているようす。人物を表現するときに使われることが多い言葉です。

◆破調

最初(または次)の句が字足らず(音の数が足りていない)になっています。「きりきりしゃん」と一気に読むのがいいでしょう。

どんど焼どんどと雪の降りにけり

俳句の意味

どんど焼が勢いよく燃え、そこにどんどと雪が降りかかってくる。

季語

どんど焼(春)

もっとくわしく

◆どんど焼

正月の松かざりなどを積み上げて焼く、小正月(1月15日)の行事。子どもの行事となっていることが多く、もちを焼いたりすることも。ほのおが高く上がると、豊作になるという言い伝えがあります。左義長などともよばれます。

◆どんど

勢いよくほのおが立ち上るさまと、雪が盛んに降るようすをかけています。行事のうかれた気分を、音のひびきによって表現しています。

＊凧:たこあげ、またはたこのこと。江戸時代には「いかのぼり」「いか」とよばれていた。

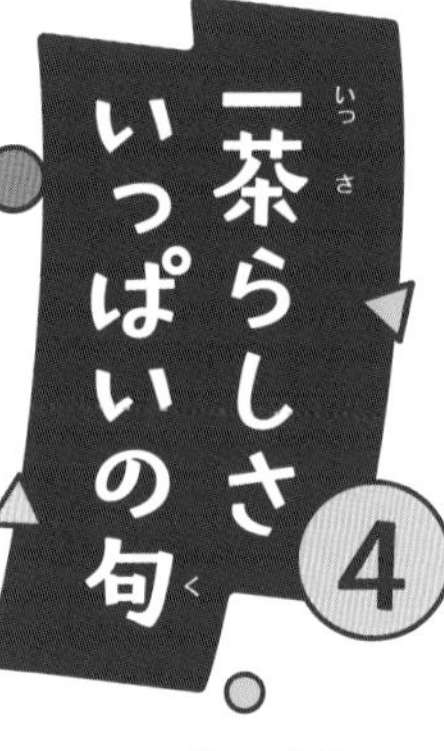

一茶らしさいっぱいの句 4

俳句の中に自分をよみこむ

／自分が俳句に登場し、自分の気持ちをよむ／

夕燕 我には翌のあてはなき

俳句の意味

夕方、ねぐらに帰るツバメが飛んでいる。一方、私には家がなく、明日どうなるのかあてもない。

季語

夕燕（春）

もっとくわしく

◆**あてはなき**

目指すものがない、たよるものがないこと。

◆**ツバメとのちがい**

夕方、巣へ向かうツバメに対し、帰る家も共に暮らす家族もない自分のことを、「我には」と強調しました。明日のあてもない日々を送る一茶のため息が聞こえてきそうな句ですが、この句の前に「申刻地震」とあり、直接的には地しんにひさいした人の気持ちをよんだとみられます。

我と来て遊べや親のない雀

俳句の意味

こちらに来て、私といっしょに遊ぼうじゃないか、親のいないスズメの子よ。

季語

雀の子（春）

もっとくわしく

◆**スズメの子と自分**

親のいないスズメの子とは、幼いころの一茶その人です。一茶は3さいで母を亡くし、まま母とは仲が悪く、家の外では「親のない子」といじめられたと述べています。ただしこれは、あくまで一茶側の言い分です。8さい（6さい）で作った句という話もふくめ、よく考えてみる必要があります。

痩蛙まけるな一茶是に有

俳句の意味

やせ細ったカエルよ、負けるな。一茶が（味方だ）、ここについているぞ。

季語

蛙（春）

もっとくわしく

◆**蛙たたかひ**

一茶が江戸で「蛙たたかひ」を見て作った俳句とされます。これは蛙軍ともいい、メスをめぐって何びきものオスが争うようすを、合戦に見立てたものです。

◆**弱いものへの共感**

やせた弱そうなカエルを応えんする一茶ですが、このときの一茶自身が、まだ落ち着く家をもたない弱者でした。弱い一茶が弱いカエルを自分のことのように応えんしている、それがこの句独特の味わいにつながっています。

春立や愚の上に又愚にかへる

俳句の意味

なんとか新春をむかえたなあ。今までもおろかだったけど、新年もまたばか正直に立ち返って生きて行くだけだ。

季語

春立（春）

もっとくわしく

◆**愚**

「愚」とは、さとりをひらけず、欲やしゅう着、いかりなどの感情に苦しみながら生きることを指しています。人はかしこくなろうとするが、むしろかしこいふりをせず、自分の「愚」を見つめて生きて行こうという、決意がこめられています。

◆**生きている喜び**

この句の前に書かれた文で、一茶は61さいまで生きてこられたことを喜んでいます。「愚」として生きてきたことを、自分らしいと受けとめているのです。

秋の風一茶心に思ふやう

俳句の意味

秋の風は心を動かすものがあるというが、私、一茶の心にも何がしか「思い」が生まれたようだ。

季語

秋の風（秋）

もっとくわしく

◆**自分の心**

和歌や俳句で伝統的によまれてきた、秋の風を意識した俳句。自分の心を見つめて、秋の風がふくと、何らかの「思い」が生まれるとよんでいます。

◆**名前をよみこむ**

俳句に自分の名前を入れてよんだのは、一茶が最初ではありません。ただし名前を効果的に使ったことや、名前を入れた句の多さでは、一茶がずばぬけています。

一茶らしさいっぱいの句 5

ひねったユーモアと皮肉

ひとくせある表現で、笑いをさそう

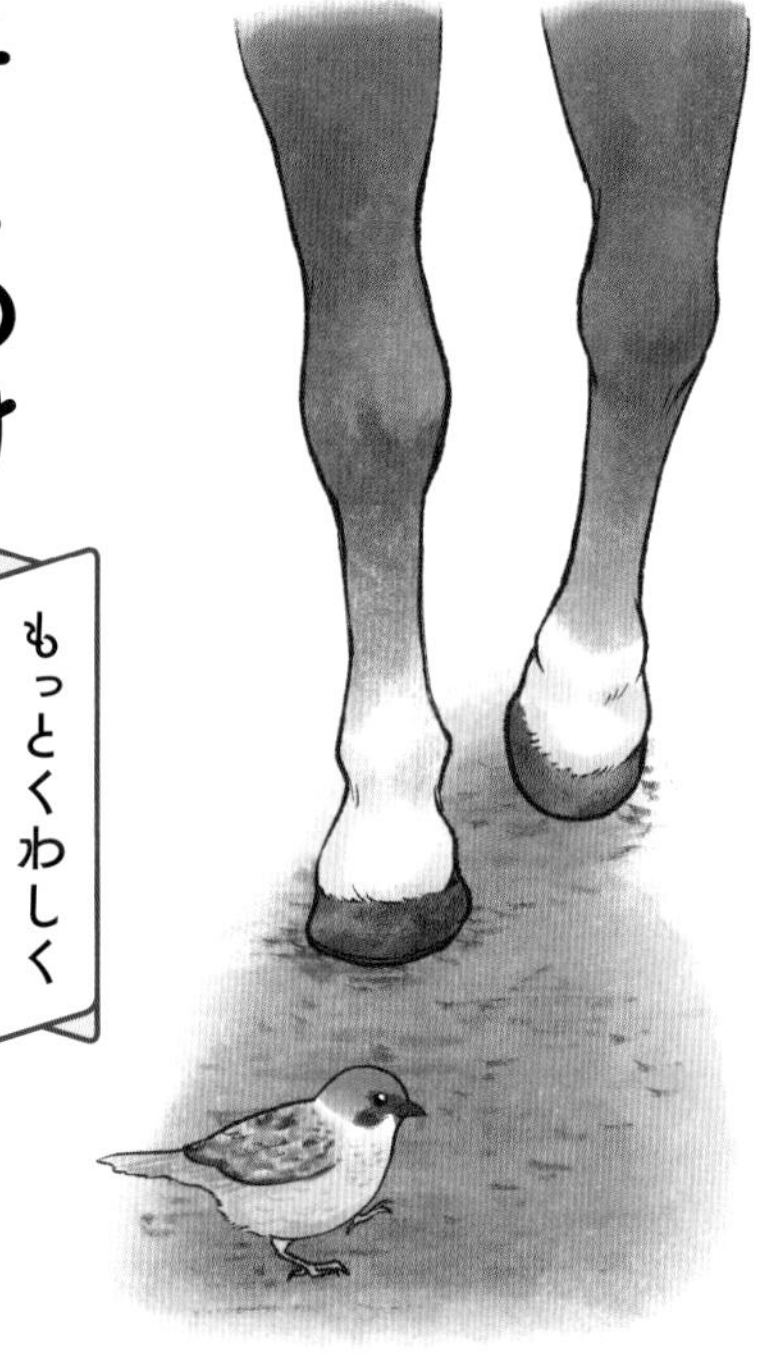

雀の子 そこのけそこのけ 御馬が通る

俳句の意味

スズメの子よ、そこをどけ、どきなさい。おウマさんが通っていくぞ。

季語

雀の子（春）

もっとくわしく

◆ウマ

小さなスズメの子が、大きなウマの足にふみつぶされないように、語りかけています。このウマについてはさまざまな説があり、大名行列やたまたま通りかかったウマ、子どもが乗った竹馬など。どの説をとっても、スズメの子をいたわる一茶のやさしさが伝わってきます。

◆一茶が呼びかける

スズメの子に呼びかけているのは、ウマに乗っている人ではなく一茶自身。すべて話し言葉でできています。

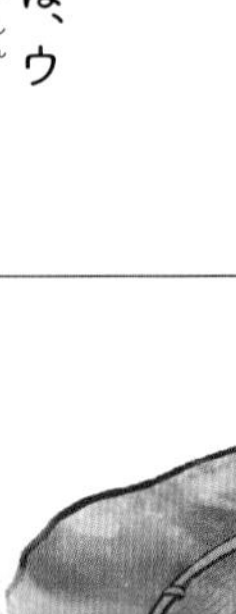

人来たら 蛙となれよ 冷し瓜

俳句の意味

人が来たら、（食べられないように）カエルに変身してしまいなさい。ちょうど食べごろに冷えたウリよ。

季語

冷し瓜（夏）

もっとくわしく

◆ウリとカエル

マクワウリの青と白のしま模様が、トノサマガエルの背中の模様に似ていることから思いついたとも、人をおにに見立てた物語からの発想ともいわれます。こうした童話のような楽しい俳句を、一茶は多く作っています。

やれ打な蝿が手をすり足をする

俳句の意味

おいこら、打つなよ。ハエがこんなに手をすり、足をすり合わせて(打たないでくれとたのんで)いるじゃないか。

季語

蝿(夏)

もっとくわしく

◆味方をする一茶

ハエはうるさくやっかいという印象から、江戸時代にあってもきらわれものでした。でもそんなハエによりそって、むやみに殺すなといっている句です。

◆ハエの行動

ハエが足をするのは、足の先のギザギザした部分に付いたゴミを取り、どこにでも止まれるようにするためです。

虫に迄尺とられけり此はしら

俳句の意味

虫にさえ、寸法を測られてしまったよ、この柱は。

季語

尺取虫(夏)

もっとくわしく

◆笑いに変える

松尾芭蕉の俳句「冬籠りまたよりそはん此はしら(私の庵のこの柱にまた寄りそって、ひと冬をひとり、静かに過ごしていたいものだ)」に対して、私の家の小さな柱では、寄りそうどころか虫でさえすぐに測れてしまう、とよんだのです。家のせまさを笑いに変えています。

づぶ濡の大名を見る巨燵哉

俳句の意味

雨でずぶぬれになっているおとのさまの行列を、私はこたつの中からぬくぬくとながめているよ。

季語

巨燵(冬)

もっとくわしく

◆宿場町

一茶の故郷、柏原は北国街道*の宿場町(宿を中心とした街道沿いの町)で、参勤交代の大名がしばしば宿をとりました。一茶の家は街道沿いにあり、この句のような行列をながめることがあったのでしょう。

◆皮肉な状況

大名行列が雨に打たれ、自分は温かな思いをしているという、身分が逆転したかのような皮肉なありさまを句にしています。

＊北国街道:現在の新潟県と長野県を結び、現在の長野県軽井沢町で中山道につながって江戸へいたる街道。

コラム

一茶のネコの俳句、

一茶はネコが好きで、ネコをよんだ俳句は300以上ともいわれます。

鳴く猫に赤ン目をして手まり哉

俳句の意味

鳴いているネコに向かって、(女の子は)あかんべえをして手まりをついているよ。季語は「手まり(春)」。

猫の子がちょいと押へるおち葉哉

俳句の意味

ネコの子が、ひらりと落ちて来た落葉をちょいっとおさえてみせたよ(得意げだなあ)。季語は「おち葉(冬)」。

うかれ猫奇妙に焦て参りけり

俳句の意味

(わが家の)恋にうかれたネコ。でも、なんだかもどかしそうで変だなあ。思いが実らないのかな。季語は「うかれ猫(=猫の恋)(春)」。

大猫のどさりと寝たる団扇哉

俳句の意味

大きなネコがどさりとねころんだ、うちわの上に(暑いから、ちょうどうちわを使おうとしたところなのに)。季語は「団扇(夏)」。

イヌの俳句

生き物の句を多く作った一茶は、味わい深いイヌの句もいくつも残しています。

春風や侍二人犬の供

俳句の意味

温かな春風がふく中、さむらいが二人、まるで前を行くイヌのお供をしているみたいだ。季語は「春風（春）」。

犬の子やかくれんぼする門松

俳句の意味

イヌの子たちが、門松の周りでかくれんぼをしているよ。季語は「門松（春）」。

赤犬の欠の先やかきつばた

俳句の意味

赤茶色のイヌがあくびをして口を大きく開いたその先に、カキツバタの花がさいている。季語は「かきつばた（夏）」。

里の子が犬に付たるさ苗哉

俳句の意味

村の子どもが、イヌにイネのなえをくくりつけたよ。いたずらっ子だなあ。季語は「さ苗（夏）」。

もっと小林一茶を知るための本と記念館

俳句のきた道 芭蕉・蕪村・一茶

藤田真一：著

岩波書店／岩波ジュニア新書

江戸時代の俳人である松尾芭蕉、与謝蕪村、小林一茶について、それぞれの人生と、代表的な俳句を解説。個性豊かな俳人たちの名句や名言から、俳句のみりょくをたっぷり学べる一冊。

我と来て遊べや親のない雀 小林一茶句集

花嶋堯春：編集

童話屋

一茶のみりょくがよくわかる63句が、しょうかいされています。信濃毎日新聞にれんさいされたコラムをまとめた本。話しかけるような文章で短くまとめられているので、すいすい読むことができます。

ビギナーズ・クラシックス 日本の古典 小林一茶

大谷弘至：編集

KADOKAWA ／角川ソフィア文庫

ふりがな付きの俳句とともに、現代語訳や解説をけいさい。代表的な俳句を年代順にしょうかいしているので、一茶の伝記に加えて、名句がどのように生まれたのかを深く理解することができます。

犬と一茶

一茶記念館・

信濃毎日新聞社出版部：編著

信濃毎日新聞社

『猫と一茶』の姉妹編。全国から応ぼされたイヌの写真といっしょに、一茶のイヌの俳句が楽しめる俳句写真集です。イヌや人々の暮らしに向けられた、一茶の温かなまなざしが感じられます。

猫と一茶

一茶記念館・

信濃毎日新聞社出版部：編著

信濃毎日新聞社

全国から応ぼされたおよそ300枚のネコの写真といっしょに、一茶がよんだネコについての俳句を楽しむことができる写真句集。ネコ好き必見、俳句に親しむきっかけの一冊にぴったりです。

一茶記念館

長野県上水内郡信濃町柏原2437-2

https://www.issakinenkan.com/

一茶の出身地である、信濃町柏原にある記念館。一茶の生がいや作品についての資料が展示されています。一茶についてのアニメーションや、クイズ、俳句すごろくなどのゲームを楽しむコーナーがあります。雪深い信濃の暮らしを伝える、雪に関わる生活資料なども見ることができます。

〈左〉一茶記念館の外観。〈右〉雪国の暮らしを伝える資料。

けいさい内容一覧

【俳句・文章の主な出典】

※出典は『一茶全集 第一巻発句』(信濃毎日新聞社)、『一茶句集 現代語訳付き』(KADOKAWA／角川ソフィア文庫)、『新編日本古典文学全集72 近世俳句俳文集』(小学館)をもとに整理したものです。

4～5ページ　天に雲雀（西国紀行）、雀の子（八番日記）、夏山や（享和句帖）、蟻の道・名月を（おらが春）、散芒・是がまあ・むまさうな（七番日記）
8ページ　是からも（真佐古）、今迄は（秋顔子）
9ページ　朧おぼろ（西国紀行）、もたいなや（西国紀行書込）
10ページ　足元へ・父ありて（父の終焉日記）
11ページ　夕桜・我星は（享和句帖）
12～13ページ　梅がかや（文化句帖）、なの花の・亡母や（七番日記）、白魚の（文化句帖）、いざいなん（七番日記）
14～15ページ　涼風の（七番日記）、椋鳥と（八番日記）、雪ちるや・けふからは・秋風や（七番日記）
16～17ページ　是がまあ（七番日記）、名月を（句稿消息）、大の字に・ゆうぜんと（七番日記）
18～19ページ　五十聟（真蹟）、大根引・おらが世や・たのもしや・ふしぎ也（七番日記）
20～21ページ　春風に（文政句帖）、蟻の道（おらが春）、鶏の・行々し・うつくしや（文政句帖）
22～23ページ　目出度さも（おらが春）、這へ笑へ（七番日記）、露の世は（おらが春）、淋しさに（文政句帖）、やけ土の（書簡）
24～25ページ　楽しみ極りて（おらが春）
26～27ページ　むまさうな（七番日記）、しなのぢや（八番日記）、山寺や（霞の碑）、春めくや（八番日記）、雪とけて（七番日記）
28～29ページ　古郷やよるも（七番日記）、初雪や・露の玉・古郷や餅に（文化句帖）、古郷は（七番日記）
30～31ページ　大蛍（八番日記）、ゆさゆさと・リンリンと・きりきり・どんど焼（七番日記）
32～33ページ　夕燕（文化句帖）、我と来て（おらが春）、痩蛙（七番日記）、春立や（文政句帖）、秋の風（七番日記）
34～35ページ　雀の子（八番日記）、人来たら（七番日記）、やれ打な（八番日記）、虫に迄（おらが春）、づぶ濡の（八番日記）
36～37ページ　鳴く猫に（八番日記）、猫の子が・うかれ猫・大猫の（七番日記）、春風や（八番日記）、犬の子や・赤犬の・里の子が（七番日記）

【けいさい作品・資料】

14～15ページ　長屋路地写真　深川江戸資料館
五渡亭国貞『今世斗計十二時 寅ノ刻』部分　国立国会図書館デジタルコレクション
『北槎聞略』のうち「器材・装身具等」部分　国立公文書館
「七評ちらし」板木　奈良大学博物館
俳人番付「俳諧士角力番組」　上田市立博物館
29ページ　葛飾応為『月下砧打美人図』部分　東京国立博物館　出典：ColBase（https://colbase.nich.go.jp/）

ビジュアルでつかむ！　俳句の達人たち

小林一茶

2024年4月1日　第1刷発行

監　修　藤田真一

発行者　中村宏平

発行所　株式会社ほるぷ出版
〒102-0073
東京都千代田区九段北1-15-15
電話 03-6261-6691
ファックス 03-6261-6692

印　刷　共同印刷株式会社

製　本　株式会社ハッコー製本

NDC911　270×210mm　40P
ISBN978-4-593-10403-1
Printed in Japan

監修

藤田真一　（ふじたしんいち）

1949年、京都府生まれ。関西大学名誉教授。大阪大学大学院文学研究科博士課程修了。文学博士。専門は日本近世文学（俳諧）。京都ゆかりの蕪村への関心をきっかけに、芭蕉や一茶などへも関心を広げ、地域と俳句、絵と俳句の関係などについても研究。松尾芭蕉が書いた挿絵入り『野ざらし紀行図巻』の検証にも携わる。
主な著書に、『蕪村の名句を読む』（河出文庫）、『蕪村』（岩波新書）、『俳句のきた道　芭蕉・蕪村・一茶』（岩波ジュニア新書）、編書に『蕪村全句集』（おうふう）、『蕪村文集』（岩波文庫）などがある。

イラスト　マキゾウ
京都府出身。イラストレーター、漫画家。著書に『胃弱メシ』（原案：バーグハンバーグバーグ／KADOKAWA）、主な装画に「伝統の美がひかる！　江戸時代の天才絵師」シリーズ『歌川広重』『俵屋宗達』（共にほるぷ出版）などがある。Webや雑誌、広告などで活躍中。

装幀・本文デザイン　吉池康二
画像協力　深川江戸資料館、奈良大学博物館、上田市立博物館、一茶記念館、Adobe stock、photolibrary
校正　夢の本棚社
編集協力　浅川瑠美

主な参考文献

- 『一茶全集 第一巻発句』　信濃教育会編／信濃毎日新聞社／1979年
- 『一茶句集 現代語訳付き』　玉城司監修／KADOKAWA ／角川ソフィア文庫／2013年
- 『ビギナーズ・クラシックス日本の古典 小林一茶』　大谷弘至／KADOKAWA ／角川ソフィア文庫／2017年
- 『新編日本古典文学全集72 近世俳句俳文集』　雲英末雄ほか校注・訳／小学館／2001年
- 『俳句のきた道 芭蕉・蕪村・一茶』　藤田真一著／岩波ジュニア新書／2021年
- 『小林一茶 時代を詠んだ俳諧師』　青木美智男著／岩波新書／2013年